Nelson Mandela

MARCANDO EL CAMINO

Tamara Leigh Hollingsworth

CAPSTONE PRESS
a capstone imprint

First hardcover edition published in 2017
by Capstone Press 1710 Roe Crest Drive,
North Mankato, Minnesota 56003
www.mycapstone.com

Published in cooperation with Teacher
Created Materials. Teacher Created
Materials is copyright owner of the
content contained in this title.

Based on writing from *TIME For Kids*. *TIME
For Kids* and the *TIME For Kids* logo are
registered trademarks of TIME Inc. Used
under license.

Credits

Dona Herweck Rice, *Editor-in-Chief*
Conni Medina, *Managing Editor*
Lee Aucoin, *Creative Director*
Jamey Acosta, *Senior Editor*
Lexa Hoang, *Designer*
Stephanie Reid, *Photo Editor*
Rane Anderson, *Contributing Author*
Rachelle Cracchiolo, *M.S.Ed., Publisher*

Library of Congress Cataloging-in-
Publication data is available on the
Library of Congress website.
ISBN: 978-1-5157-5145-8 (library binding)

Image Credits: cover, pp. 1, 23 (top),
35, 43: Newscom; pp. 11, 48: Associated
Press; pp. 22, 30: AFP/Getty Images; pp.
5 (both), 6, 10,12–14 (left): Getty Images;
p. 39: Time & Life Pictures/Getty Images;
pp. 28–29, 36 (right): iStockphoto; pp. 24,
31, 45: AFP/Getty Images/Newscom; pp.
15 (top), 18–19, 23 (bottom), 25 (right),
27 (top), 29: akg-images/Newscom; p. 27
(middle): DanitaDelimont.com/Newscom;
pp. 3, 34, 38: Reuters/Newscom; p. 17: Photo
Researchers, Inc.; pp. 8–9, 20–21, 24–25,
40–41: Timothy J. Bradley & Grace Alba; all
other images from Shutterstock.

Consultants

Dr. Timothy Rasinki
Kent State University
Lori Oczkus
Literary Consultant
Nelson Mandela Centre of Memory

Printed and bound in the USA.
010066S17

Tabla de contenido

Capítulo 1

Nace un líder

El mundo está lleno de personas que tienen diferentes orígenes. Las personas de todo el mundo tienen un aspecto diferente. Tienen ideas diferentes. Provienen de lugares diferentes. Sin embargo, también se parecen de muchas maneras. Y todos los seres humanos merecen un trato justo y equitativo. Hay muchas personas en este mundo que defienden esta idea.

Nelson Mandela es una de esas personas. Él luchó por la **igualdad**. Él creyó que las personas podían vivir en paz aun siendo diferentes. Mandela trabajó mucho por convertir a Sudáfrica en un lugar justo. Nunca se dio por vencido, ni siquiera en los peores momentos. Con la ayuda de otras personas, construyó una **democracia**. En la actualidad se lo considera el Padre de la Libertad Sudafricana.

PARA PENSAR

- ¿Quién es Nelson Mandela?
- ¿Cómo llevó libertad a su país?
- ¿Por qué es fuente de inspiración para tantas personas en la actualidad?

Un joven africano

Nelson Mandela nació el 18 de julio de 1918. Vivió en la pequeña población de Qunu. Cuando era niño, ayudaba a sus padres en las tareas domésticas. Fue el primero de su familia en asistir a la universidad.

La tierra en la que vivía la familia de Mandela pertenecía al estado. La gente blanca hacía las leyes en Sudáfrica. Los africanos no podían ser dueños de la tierra. Pero había pocos blancos en Qunu. De niño, Mandela sabía muy poco sobre las relaciones entre las personas blancas y negras.

Intenta esto

El nombre de la población de *Qunu* proviene de un idioma africano tradicional. Para pronunciar la palabra, coloca la punta de tu lengua justo detrás de los dientes en la parte de arriba de tu boca. Mantén la boca redonda y baja la lengua rápidamente para hacer un *chasquido*. El resto de la palabra se pronuncia *uu-nuu*.

Leyenda:
- Blancos
- Ascendencia mixta
- Africanos

La Sudáfrica de Mandela

Sudáfrica es un país con muchos pueblos y culturas diferentes. Los africanos constituyen el grupo más grande de personas. También existen numerosos grupos **minoritarios**, como por ejemplo los khoisán, los hindúes, los blancos y las personas de raza mixta.

Cuando era niño, a Mandela le gustaba fabricar animales de juguete con arcilla. Incluso usaba ramas para construir un buey tirando de un trineo.

Un hombre de muchos nombres

¿Cuántos nombres tienes? La mayoría de las personas tiene un nombre de pila, segundo nombre y apellido. A veces también tenemos apodos. Nelson Mandela es un hombre de muchos nombres. Cada uno de estos nombres tiene un significado único y una historia.

Dalibhunga

"¡Aaah! Dalibhunga", dicen las personas para saludar a Mandela. Él recibió este nombre a los 16 años de edad, cuando se convirtió en hombre. El nombre significa "creador o fundador del consejo".

Madiba

Mandela es miembro del clan Madiba. En África, es señal de educación llamar a una persona por el nombre de su clan. Usar este nombre muestra a los demás el **linaje** de Mandela.

Rolihlahla

El padre de Mandela le dio el nombre *Rolihlahla* cuando nació. Significa "arrancar una rama de un árbol". Otras personas traducen este nombre como "alborotador". Pero a pesar de este nombre, Mandela fue un niño amable y obediente.

Nelson

Una maestra le dio el nombre de Nelson el primer día de escuela. Era común que los maestros dieran nombres ingleses a los niños de sus clases.

Tata

Tata significa "padre". Muchas personas lo llaman *Tata* porque respetan y admiran a Mandela tanto como a sus propios padres.

Khulu

Los nietos de Mandela lo llaman *Khulu*. *Khulu* es la forma corta de *Tat'omkhulu*, que significa "abuelo".

Verdades tribales

El padre de Mandela era un jefe. Murió cuando Mandela era joven. Mandela fue a vivir con un pariente. Este hombre era *regente*, o persona en representación del rey, del pueblo Thembu. Allí fue donde Mandela aprendió sobre política. El regente hablaba sobre los asuntos de la tribu. Trabajó mucho para satisfacer las necesidades de su pueblo e intentó ser un buen líder. El padre de Mandela y el regente Thembu le enseñaron a ser imparcial. Le mostraron cómo reconciliar a las personas. A una edad temprana, Mandela aprendió a ser un buen líder.

una ceremonia de casamiento tradicional

El padre de Mandela era jefe del pueblo Thembu.

Señales de un líder

Cuando estuvo en la universidad, Mandela se sumó al Consejo estudiantil representativo. Pero Mandela y el consejo pronto supieron que tenían poco poder para mejorar la vida del estudiante. La facultad rechazaba muchos de sus pedidos. En respuesta, Mandela **boicoteaba** las elecciones del consejo. La facultad ordenó a Mandela y a Oliver Tambo, su amigo y compañero activista, que se retiraran.

Matrimonios concertados

Cuando Mandela tenía 22 años, su familia hizo un plan para que se casara. Era común en la **realeza** tener matrimonios concertados. La base de estos matrimonios no son dos personas enamoradas. Se realizan para unir a las comunidades. En los matrimonios concertados, las familias a menudo intercambian tierras y dinero.

Capítulo 2

Frente al apartheid

Mandela deseaba obedecer a su familia. Pero eso no significaba que estuviera preparado para casarse. Por eso se escapó. Se dirigió a la ciudad capital. Era muy diferente del lugar donde Mandela había vivido hasta el momento. Vio la manera injusta en que eran tratados los africanos. Había reglas que les prohibían estar en los parques y las salas de cine. Las personas blancas podían entrar, pero los africanos no. A Mandela eso no le pareció justo. Incluso había zonas separadas donde los africanos tenían que vivir. En estas zonas no había agua corriente. No había calles limpias. No había escuelas hermosas.

Mandela sabía que quería cambiar las leyes. Quería ser abogado. Su amigo Walter Sisulu lo ayudó a conseguir un trabajo en un bufete de abogados. Como hijo de su padre, Mandela tenía derecho a ser jefe. Sin embargo, renunció a esta posición. En cambio, fue a la universidad. Después de estudiar durante años se graduó de abogado.

Congreso Nacional Africano

Sisulu era miembro del Congreso Nacional Africano (CNA). El grupo trabajaba mucho por hacer de Sudáfrica una democracia. Trabajaban para cambiar las leyes y educar al pueblo. Sisulu invitó a Mandela a sumarse al grupo. Más tarde, el CNA ayudó a Mandela a ser presidente.

Walter Sisulu

Evelyn Mandela

Casamiento

Mientras estudiaba para ser abogado, Mandela se casó con Evelyn Mase. Ella era prima de Walter Sisulu. Mase y Mandela tuvieron cuatro hijos, pero el trabajo de Mandela hizo que fuera difícil estar como familia. Más tarde se divorciaron. Posteriormente, Mandela se casó con Winnie Madikizela. Estuvieron juntos desde 1958 hasta 1992. Desde 1998 ha estado casado con Graça Machel.

un mitin del CNA

Una posición peligrosa

El Partido Nacional gobernó Sudáfrica desde 1948 hasta 1994. El Partido Nacional implementó el sistema de *apartheid*. Convirtió en ley la **segregación** racial. Según el régimen *apartheid*, era legal que los blancos trataran injustamente a los africanos.

Mandela quiso cambiar las leyes. Creía que las **protestas pacíficas** podían ayudar a cambiar estas prácticas injustas. Él no quería pelear ni lastimar a las personas; quería que las personas hablaran. Pensó que podía encontrar una manera de estar de acuerdo. La mayor parte de los integrantes del gobierno no creía en hacer las cosas de este modo. Ellos evitaban la conversación. No querían compartir su poder. Por el contrario, detenían o lastimaban a las personas que se oponían a ellos. Eso puso en peligro a Mandela. Él quería ayudar a los africanos. Pero si lo hacía, podían detenerlo o hacerle algo peor.

Mandela en su oficina

Apartheid

Mandela aprendió de primera mano cómo era vivir en una ciudad segregada. En la ciudad capital de Johannesburgo debió vivir en la parte africana de la ciudad. Eso significaba que tenía que viajar muy lejos todos los días para llegar al trabajo. El *apartheid* también controlaba qué trabajos podían tener los africanos, dónde estudiaban y con quiénes podían casarse. Durante los años de *apartheid*, los africanos y los blancos de Sudáfrica tuvieron vidas muy diferentes.

En el idioma afrikáans, *apartheid* significa "apartamiento".

Soweto, la zona de vivienda africana de Johannesburgo, bajo el régimen *apartheid*

Inspiración de India

Mandela leía sobre Mohandas Gandhi y lo admiraba. Gandhi luchó por los derechos de las personas indias en Sudáfrica. También trabajó en India por la misma clase de cambios por los que luchaba Mandela. Gandhi quería la paz para su pueblo en India y en otros países. Él enseñaba que, en lugar de la violencia y el odio, la gente debía resolver los conflictos con acciones pacíficas. Aunque nunca conoció a Gandhi, Mandela se inspiró en esta idea. Él también quería cambiar las leyes pacíficamente.

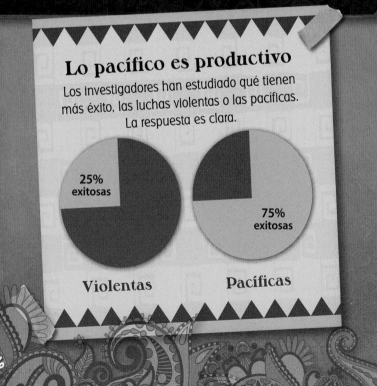

Lo pacífico es productivo

Los investigadores han estudiado qué tienen más éxito, las luchas violentas o las pacíficas. La respuesta es clara.

25% exitosas

75% exitosas

Violentas

Pacíficas

Mandela llamaba
a Gandhi el
"Guerrero sagrado".

"En un mundo dividido por la violencia y el conflicto, el mensaje de paz y no violencia de Gandhi constituye la clave de la supervivencia humana en el siglo XXI".

—Nelson Mandela

Acción política

Mandela se sumó al CNA. En su labor política se reunió con muchas personas que exigían el cambio. Mandela usó estas reuniones para planear **huelgas** y boicots. Quería que la gente protestara contra las leyes que impedían a los africanos tener derechos.

Al gobierno no le gustaba lo que el CNA decía o hacía. **Prohibió** a Mandela estar reunido en cualquier lugar con más de una persona al mismo tiempo. Y si salía de la capital, sería detenido. El gobierno quería impedirle que viajara. Debido a esta prohibición, para Mandela era difícil trabajar con otras personas. Los integrantes del gobierno esperaban que esta prohibición le impidiera ejercer influencia sobre tantas personas. Sin embargo, las amenazas no detuvieron a Mandela. Él continuó trabajando como abogado y activista.

Ayudar a la causa

En el CNA, Mandela estaba a cargo de la Campaña de Desafío. Organizaba protestas contra las leyes injustas en todo el país. El CNA creció, desde 7,000 miembros hasta más de 100,000. Su trabajo enfadó al gobierno, y Mandela fue detenido.

Carta de la Libertad

En 1955, el CNA tuvo una reunión importante, pero Mandela no pudo asistir a ella. Muchas personas trabajaron juntas para crear la Carta de la Libertad, donde se enumeraban las cosas que se querían cambiar en el gobierno. Aunque Mandela no estuvo presente, le pidieron que expresara sus ideas. Fue un paso importante en la creación de un gobierno justo y equitativo.

activistas en campaña

Alza tu voz

Nelson Mandela es famoso por adoptar una postura.
Él creía que todos deberían tener voz. ¿Tienes algo para
decir? Puedes escribir una carta a alguien en el gobierno,
como por ejemplo un gobernador o un senador.
O puedes escribir a una revista o a un periódico para
que publiquen tus ideas y miles de personas las lean.
Las protestas también son efectivas. Puedes seguir el
ejemplo de Mandela con estos pasos.

Paso 1

Decide cuál será
tu mensaje. Quizá
desees más libros
para la biblioteca
o recipientes para
reciclaje. Debes
estar preparado
para explicar
por qué tu causa
es importante.

Paso 2

Haz correr la voz a quien
quiera escucharte. Para
lograr impacto, necesitas
que mucha gente te apoye.
Haz correr la voz repartiendo
folletos. Anima a otros a
compartir tu mensaje.

Paso 3

Pide a los adultos,
como por ejemplo
maestros y padres,
que te apoyen. Si
ellos creen en tus
ideas, podrían hablar
con los funcionarios
de la escuela o
con los vecinos en
tu nombre.

- Si pudieras defender una idea, ¿cuál sería?

- ¿De qué manera una protesta informaría a otras personas sobre tu idea?

- ¿Cuáles son otras maneras de divulgar ideas?

Paso 4

Prepara carteles para tu protesta. Haz que sean fáciles de entender, con imágenes y letras grandes y claras. Cuelga los letreros por la escuela o en el vecindario. Cuantas más personas conozcan tu causa, más personas habrá para ayudar a hacer los cambios.

Paso 5

El acuerdo es una parte importante de cualquier protesta. Has trabajado mucho para llegar a este punto. Ahora necesitas hablar con la otra parte para poder llegar a un acuerdo. Sabrás que has tenido éxito cuando ambas partes estén entusiasmadas por el futuro.

Oposición política

El gobierno observaba de cerca a Mandela. Buscaban maneras de detenerlo. Querían evitar que la gente se organizara. Buscaban proteger el régimen *apartheid*.

En 1956, Mandela fue detenido. Lo acusaron de **traición**. Había pocas pruebas, pero fue una manera fácil de silenciarlo. El juicio duró cuatro años. Declararon inocente a Mandela. Pero él supo que ya no podía seguir trabajando abiertamente. Entró en la clandestinidad.

Mandela estaba disgustado. No se progresaba con suficiente rapidez. El gobierno no prestaba atención a las protestas pacíficas. En 1960, la policía mató a 69 manifestantes africanos desarmados. Los africanos seguían siendo tratados cruelmente. Y los blancos que estaban en el poder hacían poco por ayudarlos.

Mientras estaba en la clandestinidad, Mandela y sus compañeros activistas probaron un nuevo enfoque. Crearon la Lanza de la Nación. Era el costado militar del CNA. El grupo llevó a cabo actos de **sabotaje**. Estaban desesperados por poner fin al *apartheid*.

Mandela y otros levantan sus puños en rebeldía mientras son llevados a prisión.

Luchar juntos

La segunda esposa de Mandela, Winnie, creía en muchas de las mismas cosas en las que creía Mandela. Durante esa época, ella también se sumó al CNA. Actualmente muchos la llaman la Madre de la Nación.

La Lanza de la Nación usó acciones violentas y pacíficas para atraer la atención. En esta foto, han derribado una central eléctrica.

Vida clandestina

Para evitar al gobierno, Mandela entró en la clandestinidad. Pudo evitar a la policía no quedándose nunca en un mismo lugar demasiado tiempo. Sin embargo, el CNA necesitaba un lugar para reunirse en secreto.

Frente del edificio principal

La policía llamaba a Mandela "la pimpinela negra" porque siempre se escapaba. El nombre proviene de *La pimpinela escarlata*, una novela sobre un francés que siempre eludía la captura.

La habitación de Nelson Mandela en la granja Liliesleaf

Cuando la policía fue a investigar, creyó que era la granja de un hombre blanco y que Mandela era un sirviente.

Durante dos años, el CNA usó la granja Liliesleaf para guardar armas, imprimir literatura de liberación y transmitir programas de radio.

Cabaña de paja

Camino de veld hacia la puerta secreta

Combi

Depósitos de agua

Furgoneta Taunus

Anexos

Mandela usaba disfraces, por ejemplo de chofer, jardinero y cocinero, para evitar que lo reconocieran.

Prisionero político

En 1962, Mandela viajó en forma ilegal para hablar sobre la libertad. Poco después de su regreso fue detenido. Lo declararon culpable y lo sentenciaron a cinco años de prisión.

Mientras estaba en la cárcel, Mandela y sus amigos fueron acusados de sabotaje. Fueron sentenciados a prisión perpetua. A veces dejaban de comer en protesta. Pero con el tiempo, Mandela tuvo que darse por vencido. Si se negaba a comer, se moriría. En su corazón él deseaba poner fin al *apartheid*. Sabía que todos los sudafricanos merecían una vida mejor. El gobierno quería que Mandela continuara en la cárcel. Querían obligarlo a darse por vencido. Pero su plan no dio resultado. Por el contrario, hizo que Mandela fuera más apasionado. Él sabía lo cruel que era la vida para los africanos. Pero estaba convencido de que, si seguía intentando, podía hacer de Sudáfrica un lugar mejor.

Palabras de paz

En su juicio, Mandela pronunció estas sabias palabras:

*"He luchado contra la dominación blanca y he luchado contra la dominación negra. He defendido el **ideal** de una sociedad democrática y libre en la que todas las personas vivan juntas en armonía y con igualdad de oportunidades. Es un ideal por el que espero vivir y que espero alcanzar. Pero si es necesario, es un ideal por el que estoy dispuesto a morir".*

La vida en prisión

La celda de la prisión donde estaba recluido Mandela tenía solamente siete pies cuadrados. Cada seis meses se le permitía recibir una carta, que no podía tener más de 500 palabras. Podía ver a su familia solamente una vez cada seis meses. Tenía uniforme, una estera para dormir y dos mantas.

entrada a la prisión de la isla Robben

Mandela fue enviado a la prisión de la isla Robben. Lo obligaron a trabajar bajo condiciones estrictas. A veces, en la prisión no le entregaban las cartas o los libros que le enviaban. Lo obligaban a vivir en una celda pequeña y oscura.

Mandela y cinco de sus amigos, entre ellos Sisulu, fueron sentenciados a prisión perpetua. Ellos enseñaron a otros presos sobre política y leyes. Aun en prisión, muchas personas respetaban a Mandela. Creían en las mismas cosas que él. Ellos creían que todas las personas debían tener los mismos derechos. Admiraban la **integridad** de Mandela. Él permaneció fiel a sus convicciones aun cuando recibía malos tratos. Él prometió luchar por la libertad hasta el resto de sus días.

46664

Mandela tenía otro nombre. Era conocido por su número de prisionero, 46664. Hoy en día, ese número es **símbolo** de libertad en todo el mundo.

Universidad de Mandela

La prisión era un lugar difícil, pero Mandela quiso enseñar a otros presos que ni siquiera el trato severo podía cambiar sus convicciones. Trató de ser la mejor persona posible aun en los peores momentos. Animó a los presos a pedir cambios en la prisión. Pudo ayudar a otros presos a obtener mejores alimentos y acceso a música. A la isla Robben a menudo se la llamó *La universidad*, debido a lo mucho que los presos aprendieron de Mandela y de otros activistas que estuvieron prisioneros allí.

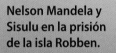

Nelson Mandela y Sisulu en la prisión de la isla Robben.

Capítulo 3

Libertad

La gente de todo el mundo estaba de acuerdo en que los sudafricanos no eran tratados con justicia. Muchos países pidieron que Mandela fuera liberado. Aprobaron leyes para ejercer presión para que Sudáfrica cambiara. Sin embargo, el gobierno de Sudáfrica ignoró al mundo. No querían dar por finalizado el *apartheid*.

Hacia el año 1985, había muchos problemas en el país. La gente causaba **disturbios**. Había un gran descontento. El gobierno trató de ganar el apoyo de Mandela en prisión. Le ofrecieron la libertad. Pero a cambio, debía permitir que continuara el régimen *apartheid*. Él les respondió: "Solamente los hombres libres pueden **negociar**". Hablaba en representación de todos los sudafricanos. Mandela no estaba dispuesto a ayudar al gobierno a menos que todas las personas fueran libres.

manifestantes *anti-apartheid*

El dinero importa

Los músicos que estuvieran dispuestos a viajar a Sudáfrica para actuar durante los años de *apartheid* podían ganar muchísimo dinero. Muchos artistas famosos se negaron a actuar en Sudáfrica hasta tanto las leyes cambiaran. Bruce Springsteen, Miles Davis y Run-DMC fueron algunos de los músicos que se negaron a actuar allí.

"Nunca fue mi costumbre utilizar las palabras a la ligera. Si algo nos enseñaron estos 27 años en la prisión fue a… comprender qué valiosas son las palabras y cómo el discurso real está en el impacto sobre el modo en que la gente vive y muere".

—Nelson Mandela

¡Liberen a Mandela!

Mandela habrá estado en prisión, pero nunca estuvo solo. El mundo entero se unió para ponerlo en libertad. Él fue y continúa siendo un símbolo de libertad.

Las Naciones Unidas

En 1964, Sudáfrica ya no pudo seguir formando parte de la Asamblea General de las Naciones Unidas. Las Naciones Unidas apoyaban enérgicamente la liberación de Mandela.

"Está en nuestras manos hacer de nuestro mundo un lugar mejor".

—Nelson Mandela

Inglaterra

En 1988 Inglaterra fue la sede de un megaconcierto en ocasión del 70.° cumpleaños de Mandela. Él seguía en la cárcel, pero 75,000 personas asistieron al concierto. El concierto se transmitió en la televisión de 64 países. La cárcel recibió 11 bolsas de tarjetas de cumpleaños para Mandela.

Japón

En 1964 se prohibió la participación de Sudáfrica en los Juegos Olímpicos de Tokio, Japón. Sudáfrica solo pudo participar en las Olimpíadas después de que Mandela fue liberado.

Sudáfrica

En la actualidad, la gente celebra el Día Internacional de Nelson Mandela en su cumpleaños, el 18 de julio. La gente de todo el mundo dona 67 minutos de su tiempo para ayudar a otros. Cada minuto representa 1 de los 67 años que Mandela dedicó a luchar por la justicia.

Un camino difícil por delante

Cuando fue liberado, Mandela caminó de la mano de su esposa. Era la primera vez en 27 años que Mandela era visto fuera de la prisión. Mandela dio muchos discursos después de su liberación. En ellos, siempre recordaba a la gente que "no existe un camino fácil hacia la libertad".

Libertad para todos

En 1986, Mandela comenzó a conversar con los miembros del gobierno. Posteriormente se reunió con Frederick Willem de Klerk, el presidente de Sudáfrica. De Klerk había escuchado los reclamos del mundo por el cambio. Mandela estaba convencido de que de Klerk quería poner fin al *apartheid*. El 11 de febrero de 1990, Mandela finalmente fue liberado de la prisión. Multitudes de personas de todo el mundo se reunieron para observar. Cuando salió de la prisión, Mandela sostuvo su puño en alto. Fue un símbolo poderoso de su lucha por la libertad.

Mandela instó a todas las personas a pensar sobre la paz. Él sabía que no todos estarían de acuerdo sobre cómo gobernar el país. En uno de sus discursos dijo: "Ahora es el momento... de unirnos frente aquellos que... desean destruir... la libertad de todos nosotros". Quería que la gente evitara el **prejuicio**. Quería que pensaran en lo que era mejor para el país.

Un nuevo día

Cuando Mandela fue liberado de la prisión, significaba que el *apartheid* estaba llegando a su fin. Los sudafricanos negros y blancos podían vivir y trabajar juntos en lugar de separados. El país había estado dividido durante muchos años. Con la libertad de Mandela, el país entero era libre para construir un nuevo futuro.

Mandela habla a sus seguidores bajo la bandera del CNA después de ser liberado de la prisión.

Protestas pacíficas

Los miembros del CNA usaban un signo: un puño levantado en alto. Significaba que estaban luchando por la libertad. Significaba que lucharían usando las palabras, el silencio o la quietud. Pero el puño en alto también significaba que no emplearían la violencia. ¿Reconoces estos otros símbolos de paz?

Los antiguos romanos utilizaban la rama de olivo como símbolo de Pax, la diosa de la paz. Se creía que ella llevaba ramas de olivo a quienes estaban en guerra.

Las palomas blancas a menudo son símbolos de paz. Tanto las iglesias como los artistas y los escritores han utilizado este símbolo.

¿Qué crees que simboliza la paz?

Este signo de la paz fue diseñado para protestar contra las armas y la guerra.

La gente a menudo levanta dos dedos en forma de *V* para simbolizar la paz. Los manifestantes usaron el signo para representar la paz y cambiaron su significado. Originalmente, la *V* significaba victoria.

Presidentes y socios

Mandela y de Klerk trabajaron juntos durante dos años. A veces coincidieron pero otras veces, no. Cada uno se esforzó por ponerse en el lugar de la otra persona. No siempre fue fácil. Sin embargo, se consagraron a la idea de la democracia. En 1993 se creó una nueva **constitución**. En ella el *apartheid* se consideró ilegal. Por primera vez todos los sudafricanos, negros y blancos, tuvieron los mismos derechos.

Mandela y de Klerk aceptan el Premio Nobel de la Paz

Un momento noble

En 1993, Mandela y de Klerk recibieron el Premio Nobel de la Paz por su trabajo. Un Premio Nobel es el máximo honor que puede recibir una persona. Juntos, llevaron libertad y paz a su país. Muchas personas estaban asombradas de que estas dos personas tan diferentes hubiesen podido trabajar juntas.

Inolvidable

Mandela fue la primera persona negra en ser elegida presidente de Sudáfrica. También fue la primera persona en ser elegida tanto por personas negras como blancas. Antes de que Mandela luchara por la libertad de todas las personas, habría sido imposible para un africano ser presidente.

En 1994, el país tuvo su primera elección democrática. La gente eligió a Mandela como presidente de su país. En ese entonces tenía 75 años de edad. Cuando asumió el cargo, dio la mano a de Klerk. Un hombre negro y un hombre blanco juntos. Sus manos unidas se elevaron en el aire. Mandela supo que todos los años que había pasado solo en la cárcel habían valido la pena.

Hoy, Mandela habla en defensa de la paz. Inspira a los líderes de todo el mundo. Su mensaje es el mismo que ha sido durante muchos años. Todos merecemos la paz. Todos merecemos los mismos derechos. Todos merecemos la libertad.

Línea de tiempo de la vida de Nelson Mandela

1918
Nace en Sudáfrica

1925
Comienza la escuela primaria

1940
Organiza una protesta estudiantil en la *University of Fort Hare*

1961
Entra en la clandestinidad

1964
Es sentenciado a prisión perpetua y enviado a la isla Robben

> "Fui un hombre común que se convirtió en líder debido a circunstancias poco comunes".
> —Nelson Mandela

1944
Asiste a la primera reunión del CNA

1952
Lidera la Campaña de Desafío

1956
Es detenido por traición

1990
Es liberado de la prisión

1993
Gana el Premio Nobel de la Paz junto a de Klerk

1994
Es elegido presidente de Sudáfrica en la primera elección libre del país

Glosario

apartheid: una ley que permitía a los afrikáneres tratar a los africanos de manera cruel e injusta

boicoteaba: se negaba a aceptar a una persona, organización o país

constitución: una lista de leyes y reglas que un gobierno acepta cumplir

democracia: un tipo de gobierno en el cual todas las personas adultas tienen derecho a opinar sobre el funcionamiento del gobierno

disturbios: actos públicos de violencia

huelgas: negarse a trabajar o a completar el trabajo hasta tanto quienes están a cargo realicen cambios

ideal: una persona, un objeto o una idea que muchas personas creen perfecto

igualdad: cuando todas las personas tienen la misma cantidad de poder

integridad: la calidad de ser honesto y sincero

linaje: miembros de la familia que vivieron antes que una persona

minoritarios: grupos de personas que tienen un origen o una religión diferente que la mayoría de las personas de un país

negociar: ceder frente a otra persona para llegar a un acuerdo

prejuicio: juzgar a otras personas sobre la base de sus diferencias, a menudo debido a diferencias raciales o religiosas

prohibió: impidió por ley que una persona haga algo

protestas pacíficas: discutir o luchar por algo de una forma no violenta

realeza: personas de origen real; reyes, reinas u otros que gobiernan

sabotaje: alteración del trabajo y los servicios que la gente utiliza

segregación: separación sobre la base de raza o clase

símbolo: algo que representa otra cosa

traición: hacer voluntariamente algo que lastimará a tu país

Índice

Bibliografía

Koosman, Melissa. *Meet Our New Student from South Africa*. Mitchell Lane Publishers, 2009.

> Este libro narra acerca de una clase de tercer grado que se prepara para recibir a un estudiante nuevo de Sudáfrica, aprendiendo sobre la historia de su país, sus idiomas, recetas, plantas y animales.

Nelson Mandela Foundation, The. *Nelson Mandela: The Authorized Comic Book*. W.W. Norton & Company, 2009.

> Explora la vida de Nelson Mandela desde su niñez hasta su vida como presidente de Sudáfrica, en esta biografía con el estilo de un libro de cómics.

Oluonye, Mary N. *South Africa (Country Explorers)*. Lerner Publications Company, 2008.

> Aprende más sobre el territorio de Sudáfrica, su gente, el clima, los animales, la comida, la escuela, la religión y mucho más en este colorido libro.

Rice, Dona. William Rice. *Mohandas Gandhi*. Teacher Created Materials, 2011.

> Durante una época difícil de la historia de India, Gandhi aprendió muchas lecciones sobre cómo ser pacífico y honorable. Descubre cómo esas lecciones lo ayudaron a convertirse en uno de los líderes más grandes del mundo.

Más para explorar

Apartheid Museum
http://www.apartheidmuseum.org/comics

Dos cómics transportan hacia atrás en el tiempo a un niño sudafricano actual para ser testigo de protestas y disturbios.

Kid World Citizen
http://kidworldcitizen.org

Este sitio web contiene actividades que te ayudarán a pensar sobre las personas y las culturas de todo el mundo. Para buscar más información sobre Nelson Mandela, escribe *Nelson Mandela* en la casilla de búsqueda.

Nelson Mandela Centre of Memory
http://www.nelsonmandela.org

Desplázate hacia abajo en la pestaña de recursos multimedia (*Multimedia resources*) y haz clic en imágenes y video (*Images, Video*) para ver fotografías e imágenes de Mandela y la gente de Sudáfrica.

South Africa Games and Activities for Kids
http://www.wartgames.com/themes/countries/southafrica.html

Este sitio contiene enlaces a datos divertidos, cuentos populares, recetas y mucho más de Sudáfrica.

Acerca de la autora

Tamara Leigh Hollingsworth nació y se crió en Cupertino, California. Asistió a la Universidad de Hollins, donde obtuvo un título en Inglés. Es maestra de escuela preparatoria en Inglés desde hace muchos años. Actualmente reside en Atlanta, Georgia. Cuando no trabaja con sus queridos alumnos, a Tamara le encanta compartir tiempo con su esposo, su hija y sus libros, especialmente las biografías.